Raheel Aslam Qureshi
Muhammad Naeem khan

# Esteganografia de fase dupla

**Raheel Aslam Qureshi**
**Muhammad Naeem khan**

# Esteganografia de fase dupla

## Melhoria da força técnica através do mecanismo de dupla fase

**ScienciaScripts**

**Imprint**

Any brand names and product names mentioned in this book are subject to trademark, brand or patent protection and are trademarks or registered trademarks of their respective holders. The use of brand names, product names, common names, trade names, product descriptions etc. even without a particular marking in this work is in no way to be construed to mean that such names may be regarded as unrestricted in respect of trademark and brand protection legislation and could thus be used by anyone.

Cover image: www.ingimage.com

This book is a translation from the original published under ISBN 978-3-659-88929-5.

Publisher:
Sciencia Scripts
is a trademark of
Dodo Books Indian Ocean Ltd. and OmniScriptum S.R.L publishing group

120 High Road, East Finchley, London, N2 9ED, United Kingdom
Str. Armeneasca 28/1, office 1, Chisinau MD-2012, Republic of Moldova, Europe
Managing Directors: Ieva Konstantinova, Victoria Ursu
info@omniscriptum.com

Printed at: see last page
**ISBN: 978-620-3-26291-9**

# ÍNDICE DE CONTEÚDOS

# Dedicação

Aos nossos queridos pais que nos ajudaram em todos os momentos de

A nossa vida

Aos nossos professores que nos ajudam a atingir os nossos objectivos.

# Membro do projeto

**RAHEEL ASLAM QURESHI**
Raheelwak@gmail.com

**SAMI-UR-REHMAN**
sami.rehman40@yahoo.com

**SANAULLAH KHAN**
Sanaullahkhan903@gmail.com

**MUHAMMAD NAEEM KHAN**
naeem.kq13@gmail.com

# RECONHECIMENTO

O Todo-Poderoso ALLAH, que é Omnipotente, Gracioso, Benéfico. "Lê em nome do teu Senhor e Criador, que criou o homem a partir de um coágulo de sangue. Lê e o teu Senhor é o mais generoso. Foi Ele quem ensinou o uso da pena".

Aproveito esta oportunidade para, com a maior alacridade e entusiasmo, apresentar a minha mais sincera e humilde gratidão ao nosso venerado Supervisor **Asif Qayum**, I.E.T. Gomal University, por me ter proporcionado todos os recursos necessários para a conclusão atempada do projeto.

Expresso os meus sinceros agradecimentos ao professor **Khalid Hameed**, da Universidade I.E.T Gomal, por nos ter encorajado sempre que necessário.

Além disso, não tenho palavras para exprimir a minha gratidão a **Sir Nasir Saleem** e Sir **Aamir Nawaz**, que não faziam parte do meu projeto, mas que me ajudaram imenso.

Gostaria também de estender os meus agradecimentos ao Professor Assistente **Jamal Nasir**, I.C.I.T Gomal Univeristy, pela sua valiosa orientação e apoio com sugestões úteis.

Estou extremamente grato ao **Eng. Iqbal Zeb Khattak**, Diretor, IET, Universidade Gomal, que nos proporcionou um ambiente de aprendizagem para utilizarmos as nossas potencialidades, de uma forma muito eficaz, o que foi demonstrado sob a forma do nosso fantástico projeto.

# RESUMO

Este projeto insere-se no âmbito do **INFORMATION HIDING**. O objetivo deste projeto é fornecer uma comunicação secreta e segura entre pessoas e organizações. Neste projeto propomos um novo método de esteganografia que se chama **'Dual stage steganography'** baseado em camadas de imagem. A esteganografia é a arte de esconder o facto de que a comunicação ocorre, escondendo informação em imagens. Podem ser utilizados muitos formatos diferentes de ficheiros portadores, seleccionamos o BMP (ficheiro bitmap) que permite uma compressão de ficheiros sem perdas. Para ocultar informações secretas em imagens, existe uma grande variedade de técnicas de esteganografia de fase dupla, algumas mais complexas do que outras e todas com os respectivos pontos fortes e fracos. Diferentes aplicações podem exigir a invisibilidade absoluta da informação secreta, enquanto outras exigem a ocultação de uma grande mensagem secreta. Este relatório de projeto pretende dar uma visão geral da esteganografia, das suas utilizações e técnicas. Também tenta identificar os requisitos de um bom algoritmo de esteganografia e reflecte brevemente sobre quais as técnicas de esteganografia mais adequadas para cada aplicação. Neste projeto, tentamos melhorar a capacidade da técnica existente introduzindo o mecanismo de fase dupla.

# CAPÍTULO 1

# INTRODUÇÃO

---

## 1.1 Introdução

S teganografia é a arte de passar informação de forma a que a própria existência da mensagem seja desconhecida. O objetivo da esteganografia é esconder uma mensagem, enquanto a criptografia a codifica de modo a que não possa ser compreendida. "O objetivo da esteganografia é esconder uma mensagem dentro de outras mensagens inofensivas, de forma a que ninguém possa detetar que há algo de errado no fundo". As mensagens esteganográficas são frequentemente encriptadas por meios tradicionais e, em seguida, uma imagem de cobertura é modificada de alguma forma para conter a mensagem encriptada, resultando na imagem Stego. A esteganografia inclui um vasto leque de técnicas para esconder mensagens numa variedade de meios. Entre estes métodos contam-se as tintas invisíveis, os micropontos, as assinaturas digitais, os canais secretos e a comunicação por espetro alargado. A esteganografia está a ser amplamente utilizada através dos meios de texto, imagens, áudio e vídeos[8].

## 1.2 Antecedentes do problema

Hoje em dia, na era do ciberespaço, a esteganografia torna-se mais importante à medida que mais pessoas aderem à revolução do ciberespaço. A esteganografia é a arte de esconder informação de forma a impedir a deteção de mensagens ocultas. A esteganografia inclui uma série de métodos de comunicação secretos que impedem que a mensagem seja vista, descoberta ou apresentada abertamente.

## 1.3 Objetivo

O objetivo da esteganografia é encobrir a comunicação. Assim, um requisito fundamental deste sistema de esteganografia é esconder uma mensagem no interior de outra mensagem inofensiva, de forma a não permitir que ninguém detecte que existe uma segunda mensagem secreta presente, que transportada pelo stego-media não deve ser sensível aos seres humanos.

O outro objetivo da esteganografia é evitar levantar suspeitas quanto à existência de uma mensagem oculta. Esta abordagem da técnica de ocultação de informação tornou-se recentemente importante numa série de áreas de aplicação, por exemplo, áudio digital, vídeo e imagens.

## 1.4  Objetivo:

O projeto tem os seguintes objectivos:

1) Compreender as técnicas existentes de esteganografia.

2) Explorar as diferentes abordagens como LSB, mascaramento e filtragem, algoritmos e transformação.

3) Desenvolver um novo método esteganográfico que, de alguma forma, é mais seguro do que os métodos existentes.


## 1.5  Âmbito do projeto:

Este projeto foi desenvolvido para esconder informação em qualquer ficheiro de imagem, utilizando o método de Esteganografia de Dupla Fase que aumenta a capacidade de ocultação em 50%. O âmbito do projeto é a implementação de ferramentas de esteganografia para esconder informação, incluindo qualquer tipo de ficheiro de informação ou ficheiros de imagem e o caminho onde o utilizador quer guardar a imagem e o ficheiro extrudido. As tecnologias esteganográficas são uma parte importante do futuro da segurança e privacidade da Internet em sistemas abertos como a Internet.

# CAPÍTULO 2

## REVISÃO DA LITERATURA

## 2.1 Introdução

A norma e o conceito "What You See Is What You Get (WYSIWYG)", com que nos deparamos por vezes ao imprimir imagens ou outros materiais, já não é exato e não enganaria um esteganógrafo, pois nem sempre é verdadeiro. As imagens podem ser mais do que aquilo que vemos com o nosso sistema visual humano (HVS), pelo que podem transmitir mais do que apenas 1000 palavras.

Durante décadas, as pessoas esforçaram-se por desenvolver métodos inovadores de comunicação secreta. O resto desta introdução destaca brevemente alguns factos históricos e ataques a métodos (também conhecidos como Steganalysis).

Três técnicas estão interligadas: esteganografia, marca de água e criptografia. As duas primeiras são bastante difíceis de separar, especialmente para quem vem de disciplinas diferentes.

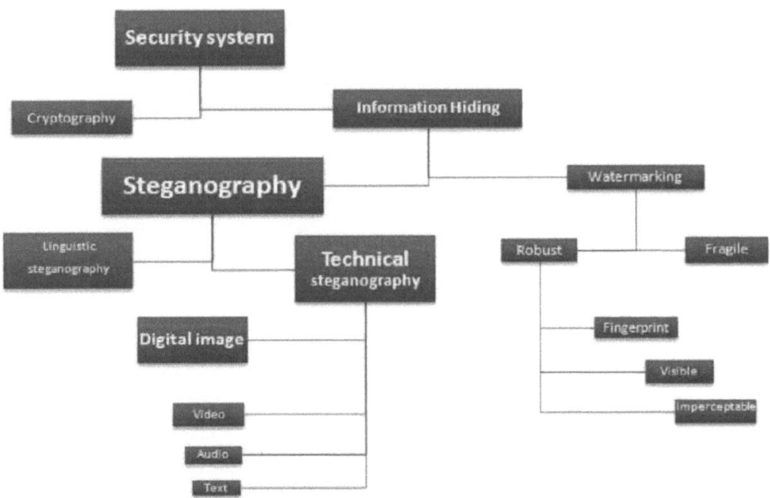


**Figura.2-1:** As diferentes disciplinas de incorporação da ocultação de informação. A seta indica uma extensão e a negrito indica o foco deste estudo.

**A Figura 2-1 e a Tabela 2-1** podem dissipar essa confusão. O trabalho aqui apresentado centra-se na esteganografia de imagens digitais e não aborda outros tipos de esteganografia (como a linguística ou a áudio).

## 2.2 Diferenciar entre esteganografia, marca de água e criptografia

**Tabela 2-1:** Comparação entre esteganografia, marca de água e criptografia[4

| Criterion/Method | Steganography | Watermarking | Cryptography |
| --- | --- | --- | --- |
| Carrier | any digital media | mostly image/audio files | Carrier usually text based, with some extensions to image files |
| Secret Data | Payload | watermark | plain text |
| Key | Optional | optional | necessary |
| Input Files | at least two unless in self-embedding | at least two unless in self-embedding | one |
| Detection | Blind | usually informative (i.e., original cover or watermark is needed for recovery) | blind |
| Authentication | full retrieval of data | usually achieved by cross correlation | full retrieval of data |
| Objective | secrete communication | copyright preserving | data protection |
| Result | stego-file | watermarked-file | cipher-text |
| Concern | delectability/ capacity | robustness | robustness |
| Type of attacks | Steganalysis | image processing | cryptanalysis |
| Visibility | Never | sometimes | always |
| Fails when | it is detected | it is removed/replaced | de-ciphered |
| Flexibility | free to choose any suitable | cover cover choice is restricted | N/A |
| History | very ancient except its digital version | modern era | modern era |

### 2.2.1 Esteganografia

Podemos pensar na esteganografia como uma forma de encriptação robusta. Tenta esconder a mensagem de tal forma que o observador pode nem sequer se aperceber que a mensagem está a ser trocada. Ao contrário da encriptação, a esteganografia não pode ser detectada. Muitas vezes, a esteganografia é utilizada para complementar a cifragem. Através da sua combinação de cifragem e invisibilidade dos dados cifrados, mantém a mensagem completamente protegida contra a espionagem de dados[5].

### 2.2.2 Marca de água

A marca de água é a prática de alterar impercetivelmente uma capa para incorporar uma mensagem sobre essa capa. Está intimamente relacionada com a esteganografia, mas existem diferenças entre as duas coisas.

- A mensagem está relacionada com a capa .
- A marca de água é frequentemente utilizada sempre que a capa está disponível para as partes que sabem da existência dos dados ocultos e podem ter interesse em removê-los.

Por conseguinte, a marca de água tem a noção adicional de resistência contra tentativas de remoção dos dados ocultos .

### 2.2.3 Criptografia

A criptografia altera o conteúdo de um ficheiro ou mensagem de modo a torná-lo ilegível para todos, exceto para o destinatário pretendido. O destinatário pretendido possui uma chave que permite que o ficheiro encriptado seja invocado e visualizado como planeado pelo remetente. As mensagens encriptadas não são escondidas e as suas idas e vindas podem ser detectadas e monitorizadas. Uma vez revelados os meios de cifragem, cabe ainda ao decifrador de códigos descobrir a chave para decifrar a mensagem[5].

## 2.3 História da esteganografia

### 2.3.1 Passado

A palavra "Esteganografia" significa tecnicamente "escrita coberta ou escondida". As suas origens antigas remontam a 440 AC. Embora o termo esteganografia só tenha sido cunhado no final do século XV, a utilização da esteganografia remonta a vários milénios. Na antiguidade, as mensagens eram escondidas no verso de tabuinhas de cera, escritas no estômago de coelhos ou tatuadas no couro cabeludo de escravos. Há séculos que a tinta invisível é utilizada para o divertimento de crianças e estudantes e para espionagem séria por espiões e terroristas. A criptografia tornou-se muito comum na Idade Média. A escrita secreta foi utilizada pela Igreja Católica nas suas várias lutas ao longo dos tempos e pelos principais governos da época. A esteganografia era normalmente utilizada em conjunto com a criptografia para esconder ainda mais informações secretas.

### 2.3.2 Presente

A maioria dos sistemas esteganográficos actuais utiliza objectos multimédia, como imagens, áudio, vídeo, etc., como meios de cobertura, porque as pessoas transmitem frequentemente imagens digitais por correio eletrónico e outras comunicações via Internet. Na abordagem moderna, dependendo da natureza do objeto de cobertura. A esteganografia pode ser dividida em quatro tipos:

- Esteganografia de texto
- Esteganografia de imagens
- Esteganografia de áudio
- Esteganografia de vídeo

Assim, na era moderna, foram concebidas muitas técnicas esteganográficas que funcionam com os objectos acima referidos. Atualmente, com o avanço da segurança, é frequente encontrarmos casos em que se utiliza uma combinação de criptografia e esteganografia para obter a privacidade dos dados em detrimento do sigilo. Estão também disponíveis várias ferramentas de software neste domínio.

### 2.3.3  Futuro

No mundo atual, é frequente ouvirmos o termo popular "Hacking". Hacking não é mais do que um acesso não autorizado a dados que podem ser recolhidos no momento da transmissão de dados. No que respeita à esteganografia, este problema é frequentemente considerado como esteganálise. A esteganálise é um processo em que um esteganalizador quebra o objeto de cobertura para obter os dados ocultos. Assim, qualquer que seja a técnica a ser desenvolvida no futuro, há que ter em conta o grau de segurança relacionado com a mesma. Espera-se que a esteganografia dupla possa ser uma das soluções futuras para este problema acima mencionado[2].

## 2.4  Descrição geral Esteganografia

A palavra esteganografia vem do grego "Steganos", que significa coberto ou secreto e "graphy" significa escrita ou desenho. Por conseguinte, esteganografia significa escrita coberta.

É a arte e a ciência de ocultar informações de forma a que a sua presença não possa ser detectada e que se verifique uma comunicação. Uma informação secreta é codificada de tal forma que a própria existência da informação é ocultada. Em conjunto com os métodos de comunicação existentes, a esteganografia pode ser utilizada para efetuar trocas ocultas. O principal objetivo deste projeto é comunicar de forma segura e completamente indetetável e evitar levantar suspeitas sobre a transmissão de dados ocultos.

### 2.4.1  Interesse em esteganografia

O interesse pela esteganografia tem vindo a aumentar rapidamente por duas razões:

- Os sectores da edição e da radiodifusão interessaram-se por técnicas de ocultação de marcas de direitos de autor e números de série codificados em filmes digitais, gravações áudio, livros e produtos multimédia.
- As medidas tomadas por vários governos para restringir a disponibilidade de serviços de encriptação motivaram as pessoas a estudar métodos através dos quais as mensagens privadas podem ser incorporadas em mensagens de cobertura aparentemente inócuas.

### 2.4.2  Modelo básico de esteganografia

O modelo básico da esteganografia consiste em portador, mensagem e algoritmo. O suporte é também conhecido como objeto de cobertura, no qual a mensagem é incorporada e serve para ocultar a presença da mensagem.

Basicamente, o modelo de esteganografia é apresentado na figura seguinte:

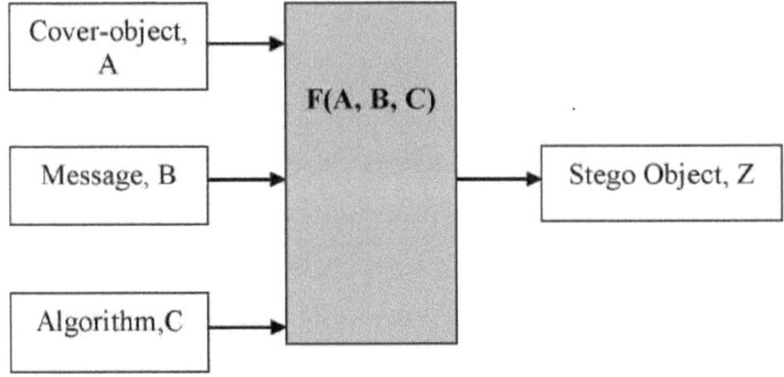


**Figura 2-4: Modelo de Esteganografia**

A mensagem é o dado que o remetente pretende que permaneça confidencial. Pode ser texto simples, texto cifrado, outra imagem ou qualquer coisa que possa ser incorporada num fluxo de bits, como uma marca de direitos de autor, uma comunicação secreta ou um número de série. A palavra-passe é conhecida como *chave/algoritmo Stego,* que garante que apenas o destinatário que conhece a chave de descodificação correspondente poderá extrair a mensagem de um *objeto-cobertura.* O *objeto de cobertura* com a mensagem secretamente incorporada é então designado por *objeto/imagem Stego.*

A recuperação de uma mensagem a partir de um *objeto/imagem stego* requer a própria imagem do *objeto de cobertura* e uma chave de descodificação correspondente, caso tenha *sido* utilizada uma *chave/algoritmo stego* durante o processo de codificação. A imagem original pode ou não ser necessária na maioria das aplicações para extrair a mensagem.

Existem vários suportes adequados abaixo para serem o *objeto de cobertura:*

- Áudio que utiliza formatos de áudio digital como wav, midi, avi, mpeg, mpi e voc.
- Ficheiro e disco que pode ocultar e anexar ficheiros utilizando o espaço livre
- Texto como caracteres nulos, tal como o código morse, incluindo html e java
- Ficheiros de imagens como bmp, gif e jpg, que podem ser tanto a cores como em tons de cinzento.

Em geral, o processo de ocultação de informação extrai bits redundantes do *objeto-cobertura.* O processo consiste em duas etapas:

- Identificação de bits redundantes num *objeto-cobertura.* Os bits redundantes são os bits que podem ser modificados sem corromper a qualidade ou destruir a integridade do *objeto de cobertura.*

- O processo de incorporação seleciona então o subconjunto dos bits redundantes a substituir pelos dados de uma mensagem secreta. O *objeto/imagem estégo* é criado substituindo os bits redundantes selecionados pelos bits da mensagem[8].

## 2.5 O âmbito da esteganografia

Com o aumento da potência dos computadores, a Internet e o desenvolvimento do processamento digital de sinais (DSP), da teoria da informação e da teoria da codificação, a esteganografia tornou-se "digital". No domínio deste mundo digital, a esteganografia criou uma atmosfera de vigilância empresarial que deu origem a várias aplicações interessantes, pelo que a sua evolução contínua está garantida. Acredita-se que a cibercriminalidade beneficia com esta revolução digital. Assim, uma preocupação imediata é descobrir os melhores ataques possíveis para efetuar a esteganálise e, simultaneamente, descobrir técnicas para reforçar as técnicas de estegnografia existentes contra ataques populares como a esteganálise.

# 2.6 O que é Steganalysis

A esteganálise é uma disciplina de investigação relativamente nova, com poucos artigos publicados antes do final da década de 1990. A esteganálise é "o processo de deteção de esteganografia através da observação de variações entre padrões de bits e tamanhos de ficheiros invulgarmente grandes". É a arte de descobrir e tornar inúteis as mensagens ocultas. O objetivo da esteganálise é identificar fluxos de informação suspeitos, determinar se têm ou não mensagens ocultas codificadas e, se possível, recuperar as informações ocultas.

### 2.6.1 Desafios da esteganálise

O desafio da esteganálise é que:

1) O fluxo de informação suspeito, como um sinal ou um ficheiro, pode ou não ter dados ocultos codificados.
2) Os dados ocultos, caso existam, podem ter sido encriptados antes de serem inseridos no sinal ou ficheiro.
3) Alguns dos sinais ou ficheiros suspeitos podem ter ruído ou dados irrelevantes codificados (o que pode tornar a análise muito demorada).
4) A menos que seja possível recuperar, desencriptar e inspecionar totalmente os dados ocultos, muitas vezes apenas se dispõe de um fluxo de informação suspeito e não se pode ter a certeza de que está a ser utilizado para transportar informações secretas.

## 2.6.2  Tipos de ataques

Os ataques e a análise da informação oculta podem assumir várias formas: deteção, extração e desativação, destruição ou modificação da informação oculta. Uma abordagem de ataque depende das informações disponíveis para o esteganalista (a pessoa que está a tentar detetar fluxos de informação baseados em esteganografia).

Os possíveis ataques a um meio stego podem ser um dos seguintes:

i.  **Ataque apenas de esteganografia:** Apenas o meio de esteganografia está disponível para análise.

ii. **Ataque de portador conhecido:** A portadora que é a capa original e o suporte esteganográfico estão ambos disponíveis para análise.

iii. **Ataque de mensagem conhecida:** A mensagem oculta é conhecida.

iv. **Ataque de esteganografia escolhido:** O meio e a ferramenta (ou algoritmo) de esteganografia são ambos conhecidos.

v. **Ataque de mensagem escolhida:** Uma mensagem e uma ferramenta de esteganografia (ou algoritmo) conhecidas são utilizadas para criar suportes de esteganografia para análise e comparação futuras. O objetivo deste ataque é determinar padrões correspondentes no suporte esteganográfico que possam indicar a utilização de ferramentas ou algoritmos esteganográficos específicos.

vi. **Ataque de esteganografia conhecido:** O suporte e o meio de esteganografia, bem como a ferramenta ou algoritmo de esteganografia são conhecidos[1].

## 2.7 A esteganografia pode ser utilizada por terroristas

Poderá a esteganografia ser utilizada por terroristas? A resposta é sim, pode ser utilizada por terroristas. A pergunta que realmente deve ser feita é: ela é usada por terroristas? Especulou-se que os terroristas que supostamente levaram a cabo os ataques terroristas de 11 de setembro de 2001 utilizaram a Internet para vários fins. Dizia-se que utilizavam a Internet para comprar os seus bilhetes de avião. Isto acabou por não ser verdade, uma vez que nenhuma autoridade dos Estados Unidos conseguiu confirmar este facto, porque **nenhum dos nomes dos terroristas aparecia em nenhuma das listas de voos fornecidas pela American Airlines e pela United Airlines**.

As únicas pessoas que parecem estar a defender a ideia de que os terroristas estão a utilizar a Internet e tecnologias como a esteganografia são as pessoas que apoiam a ideia de que a Al-Qaeda (que se diz existir) é uma rede global sofisticada de terroristas que está constantemente a conspirar para matar pessoas no mundo ocidental.

### 2.7.1 USA Today:

Outrora domínio exclusivo da Agência de Segurança Nacional, a agência super-secreta dos EUA responsável pelo desenvolvimento e decifração de códigos electrónicos, a encriptação tornou-se a ferramenta quotidiana dos terroristas no Afeganistão, Albânia, Grã-Bretanha, Caxemira, Kosovo, Filipinas, Síria, EUA, Cisjordânia e Gaza e Iémen, dizem as autoridades americanas. **http://www.usatoday.com/tech/news/2001-02-05-binladen.html.**

Os artigos do USA Today sobre a utilização da esteganografia por terroristas foram considerados falsos e Jack Kelley foi despedido por fabricar notícias falsas (já era altura de alguém ser despedido por isso).

É óbvio que a esteganografia não é algo que seja utilizado pelos terroristas, apenas foi apresentada como uma ameaça séria[6].

## 2.7.2 Utilização ilegal:

Outras utilizações da esteganografia vão desde o trivial ao abominável. Há alegações de que a pornografia infantil pode estar escondida em ficheiros de imagem ou de som inocentes. Embora isto seja perfeitamente possível, uma pesquisa na Internet para confirmar esta afirmação não teve êxito.

**Um relatório anual sobre a criminalidade no domínio da alta tecnologia enumera nove tipos comuns de criminalidade informática:**

- Comunicações penais
- Fraude
- Hacking
- Pagamentos electrónicos
- Jogos de azar e pornografia
- Assédio
- Infracções contra a propriedade intelectual
- Vírus
- Pedofilia

Ao examinar esta lista, é possível identificar várias destas áreas em que a esteganografia pode ser utilizada, especialmente tendo em conta o termo abrangente "comunicações criminosas". Se incluirmos técnicas esteganográficas não relacionadas com computadores, o potencial aumenta ainda mais.

Em termos de segurança informática, há algumas áreas a ter em conta. Uma área que tem potenciais implicações de longo alcance é "Um protocolo que usa esteganografia para contornar a censura a nível de rede". O autor, Bennet Haselton, coordenador da Peacefire.org (uma organização que "se opõe à censura que visa os utilizadores da Internet com menos de 18 anos...") descreve um protocolo que é "indetetável para os censores".

Por fim, a guerra informática deve ser abordada. Na sua tese de mestrado, Jordan T. Cochran, capitão da USAF, investiga ataques de vírus esteganográficos. Conclui que "Os resultados indicam que as ferramentas de esteganografia não são adequadas para serem armas de ataque únicas. No entanto, as ferramentas combinadas com outras aplicações podem ser utilizadas para extrair automaticamente a informação escondida com uma intervenção mínima do utilizador."

Noutra tese de mestrado, Dale A. Lathrop, Capitão, USAF, também investiga a possibilidade de ataques de vírus utilizando técnicas esteganográficas. Conclui que "os resultados desta investigação indicam que a utilização de um motor separado seguido de uma mensagem de correio eletrónico baseada em HTML contendo uma imagem fotográfica com um vírus esteganograficamente incorporado ou outra carga útil é um ataque vulnerável se for implementado sem as variáveis ambientais adequadas". Além disso, conclui que "ainda requer intervenção humana para iniciar o ataque do vírus".

Para aqueles que são os primeiros a responder a crimes electrónicos, a publicação "Electronic Crime Scene Investigation, A Guide for First Responders", escrita em julho de 2001, está disponível gratuitamente na Internet. Esta publicação oferece conselhos básicos e sólidos sobre a preservação e investigação de cenas de crimes electrónicos e faz referência à esteganografia[4].

## 2.8 Como a Al-Qaeda encriptou ficheiros secretos num vídeo pornográfico

Quando um suspeito de pertencer à Al-Qaeda foi detido em Berlim, em maio de 2011, foi encontrado com um cartão de memória com uma pasta protegida por palavra-passe, cujos ficheiros estavam escondidos. Mas, como relata o jornal alemão *Die Zeit,* os peritos informáticos forenses da Polícia Federal Criminal alemã (BKA) afirmam ter acabado por descobrir o seu conteúdo - o que parecia ser um vídeo pornográfico chamado "KickAss".

Nesse vídeo, descobriram 141 ficheiros de texto separados, contendo o que as autoridades dizem ser documentos que detalham as operações da al-Qaeda e planos para operações futuras - entre eles, três intitulados "Trabalhos futuros", "Lições aprendidas" e "Relatório de operações".

Então, como é que se armazena a biblioteca de estudo de um terrorista num ficheiro de vídeo pornográfico pirateado?

**alQaeda** *PornografiaAurich Lawson*

Neste caso, os ficheiros tinham sido escondidos (não encriptados) dentro do ficheiro de vídeo através de uma abordagem bem conhecida para esconder mensagens à vista de todos: a esteganografia.

Há muito que se suspeita que a Al-Qaeda utiliza a esteganografia para esconder os seus segredos - tudo, desde mapas e fotografias de alvos potenciais a manuais de instruções.

# CAPÍTULO 3

## MÉTODOS DE ESTEGANOGRAFIA

## IMAGEM DIGITAL INTERIOR

---

# 3.1 Ficheiros de imagem utilizados em esteganografia

As imagens gráficas que foram processadas por um computador podem normalmente ser divididas em duas categorias distintas. Essas imagens são ficheiros bitmap ou gráficos vectoriais. Se trabalha em análise de imagens, precisa de ter uma boa compreensão dos ficheiros bitmap[9].

# 3.2 Imagem Bitmap - Uma visão geral

As imagens bitmap foram introduzidas pela Microsoft para serem um formato de ficheiro de imagem padrão entre os utilizadores do seu sistema operativo Windows. O formato de ficheiro é agora suportado por vários sistemas de ficheiros e sistemas operativos, mas está a ser utilizado cada vez menos frequentemente. Uma das principais razões para isso é o grande tamanho do ficheiro, resultante da fraca compressão e do formato de ficheiro detalhado. Esta é uma vantagem para esconder dados sem levantar suspeitas. Para compreender como as imagens bitmap podem ser utilizadas para ocultar dados, é necessário começar por explicar o formato do ficheiro[7].

As imagens bitmaps são exatamente o que o seu nome indica: *uma coleção de bits que formam uma imagem*.

## 3.2.1 Estrutura da imagem bitmap

### 3.2.1.1 Estrutura de bitmap

A imagem é constituída por uma matriz de pontos individuais (ou pixéis) que têm todos a sua própria cor (descrita através de bits, as unidades de informação mais pequenas possíveis para um computador). Vejamos uma imagem bitmap típica para demonstrar o princípio:

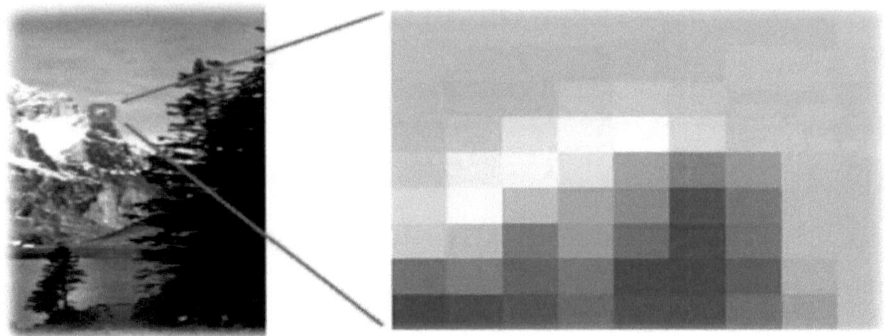

**Figura 3-2:** A imagem bitmap é constituída por muitos pixéis.

### 3.2.1.2 Profundidade de bits=Profundidade de cor

- Número de cores=$2^A$(Profundidade de bits)
- A profundidade de bits é o número de bits.

é também designada por resolução de cores.

**Quadro 3-2: Cálculo da imagem bitmap**

| Bit depth | Colour resolution | Calculation |
|---|---|---|
| 1-bit | 2colors | $2^1=2$ |
| 2-bit | 4colors | $2^2=4$ |
| 3-bit | 8colors | $2^3=8$ |
| 4-bit | 16colors | $2^4=16$ |
| 8-bit | 256colors | $2^8=256$ |
| 16-bit | 65,536colors | $2^{16}=65,536$ |
| 24-bit | 16,777,215colors | $2^{24}=16.7$million |

À esquerda, vê uma imagem e, à direita, uma ampliação de 250% do topo de uma das montanhas. Como pode ver, a imagem é composta por centenas de linhas e colunas de pequenos elementos, todos com a sua própria cor. Um desses elementos chama-se pixel (abreviatura de picture element). O olho humano não é capaz de ver cada pixel individualmente, pelo que percepcionamos uma imagem com gradações suaves.

O número de pixéis necessários para obter uma imagem realista depende da forma como a imagem será utilizada.

### 3.2.2 Formato de ficheiro Bitmap

Um ficheiro bitmap pode ser dividido em dois blocos principais, o cabeçalho e os dados. O cabeçalho, que consiste em 54 bytes, pode ser dividido em dois sub-blocos. Estes são identificados como o Cabeçalho Bitmap e a Informação Bitmap. As imagens com menos de 16 bits têm um sub-bloco adicional no cabeçalho designado por Paleta de cores. A seguir ao cabeçalho estão os dados Bitmap[9].

### 3.2.2.1 Cabeçalho do mapa de bits

O cabeçalho de bitmap é usado para identificar o arquivo como uma imagem de bitmap válida, o que é feito principalmente pelos dois primeiros bytes, que são 0x42 e 0x4D (em ASCII: BM). Os quatro bytes seguintes expressam o tamanho do ficheiro e os restantes oito bytes estão reservados para a identificação da aplicação e comprimentos de offset.

Os oito bytes seguintes correspondem aos comprimentos da aplicação e do desvio:

> 0-1 Identificador de mapa de bits 0x42 0x4D (em ASCII lê-se BM)
>
> 2-5 Tamanho do ficheiro bitmap
>
> 6-9 Reservado
>
> 10-13 Desvio de dados do mapa de bits

A informação do mapa de bits é composta pelos trinta bytes seguintes do ficheiro, começando no byte 14.

> A informação é descrita da seguinte forma:
>
> 14-17 Tamanho do cabeçalho do bitmap
>
> 18-21 Largura da imagem bitmap
>
> 22-25 Altura da imagem bitmap
>
> 28-29 Profundidade de cor do mapa de bits
>
> 26-27 Número de planos de cor
>
> 28-29 Profundidade de cor do mapa de bits
>
> 30-33 Método de compressão de bitmap
>
> 34-37 Tamanho dos dados do mapa de bits
>
> 38-41 Regra horizontal da imagem bitmap
>
> 42-45 Resolução vertical da imagem bitmap
>
> 46-49 Número de cores utilizadas
>
> 50-53 Número de cores importantes utilizadas

A paleta de cores não é utilizada quando se trata de imagens bitmap de 16-bit ou superior.

### 3.2.2.2 Dados de bitmap

O bloco Bitmap Data de um ficheiro bitmap contém a imagem real, armazenada como pixels. Este formato de ficheiro apresenta algumas propriedades únicas, uma das quais se presta a ser explorada para fins de esteganografia. A primeira é o facto de a imagem se armazenar a si própria em sentido inverso. A primeira linha de dados corresponde à linha inferior de uma imagem, movendo-se para cima. Além disso, os pixéis são armazenados primeiro em azul invertido, seguido de verde e depois de vermelho. A propriedade que é importante para a osteganografia é o facto de estes pixels estarem explicitamente escritos no ficheiro, o que permite uma fácil identificação e modificação.

**Segue-se um excerto do bloco de dados Bitmap de uma imagem bitmap.**

```
35 DA F2 37    D7 F2 47 DC    F2 46 D6 F2    47 D6 EF 4F    5..7..G..F..G..O
DB F3 52 DA    EF 4E DC F3    44 DC F4 4E    D9 F2 45 DE    ..R..N..D..N..E.
F5 48 DE F3    52 DB F0 4D    DA F2 49 D8    EF 51 D6 EE    .H..R..M..I..Q..
4B CF EB 47    DC F3 4D DB    F2 4A D8 F3    4E DB F3 46    K..G..M..J..N..F
D9 EF 41 D8    EF 43 D3 F0    46 D6 ED 49    D6 EF 47 DB    ..A..C..F..I..G.
F1 4B DA F2    45 D1 EE 47    D3 EC 45 D5    EF 47 CE ED    .K..E..G..E..G..
42 D3 ED 3B    D3 F1 46 D8    F2 47 D5 F0    3E D5 F0 3A    B..;..F..G..>..:
D9 F1 45 DA    F4 3D D1 EE    3B D2 EE 3E    D3 EF 39 D1    .E..=..;..>..9.
EC 35 CF EB    3D D6 EF 3F    D2 EE 36 CD    EA 32 D4 EE    .5..=..?..6..2..
3C CF EE 42    D3 F1 3D CD    EB 3D CB EA    39 CE ED 3F    <..B..=..=..9..?
D3 EE 41 CD    EB 34 D1 EF    39 D0 EB 3C    CE EB 34 CF    .A..4..9..<..4.
EB 35 D4 EE    38 D1 EC 36    D4 EE 41 D3    EE 31 C9 E8    .5..8..6..A..1..
35 D2 F0 3B    D1 EF 3B CE    EC 33 CB E9    35 CD EC 39    5..;..;..3..5..9
CF EE 34 D1    ED 33 CD EC    3B CF EE 38    D1 EF 33 CA    .4..3..;..8..3.
EA 38 CC EA    3A D1 EE 40    D2 F0 36 D0    ED 36 D2 ED    .8..:..@..6..6..
35 CB EA 3B    CE EC 34 CB    EB 30 CC EA    33 D2 EF 34    5..;..4..0..3..4
D2 EF 32 CC    EA 39 CC EB    3B CB ED 37    CE EE 3A D0    ..2..9..;..7..:.
EC 34 CC EB    30 CC EB 32    CF EE 31 D2    EE 35 D2 EF    .4..0..2..1..5..
32 CB EB 35    CD EB 37 D1    EE 2F CB EB    34 CD EC 39    2..5..7../..4..9
CA EB 32 D1    EF 31 D1 ED    33 CE EC 36    CF EC 39 D2    ..2..1..3..6..9.
EF 37 C7 EA    33 CD EB 31    D2 ED 32 CE    EC 38 D1 EE    .7..3..1..2..8..
```

**Figura 3-2.1: Bloco de dados bitmap de uma imagem bitmap**

Cada pixel de uma imagem bitmap de 24 bits não comprimida é representado por 24 bits, ou três bytes.

Cada byte é composto por 8 bits que correspondem a um dos três planos de cor, vermelho, verde ou azul.

Um pixel branco sólido seria representado em binário como 11111111 11111111 11111111, e um pixel preto sólido seria representado em binário por 00000000 00000000 00000000. A utilização de oito bits por plano de cor permite $2^8$ possibilidades, ou seja, 256 cores diferentes para um plano.

Com 256 possibilidades para cada plano de cor, isso equivale a $256^3$ (16777216) possibilidades para cor de cada pixel

Cada número de cor sucessivo, 130 - 131 - 132, é uma intensidade diferente da anterior.

É improvável que o olho humano consiga detetar a diferença entre duas cores sucessivas num único plano de bits e, definitivamente, não é capaz de detetar a diferença entre duas cores sucessivas numa escala de 0 - 16777216[7].

### 3.2.3   Tipos de imagens bitmap

As imagens bitmap podem conter qualquer número de cores, mas distinguimos quatro categorias principais:

- **Line-art:** São imagens que contêm apenas duas cores, normalmente preto e branco. Por vezes, estas imagens são designadas por bitmaps porque um computador tem de utilizar apenas 1 bit (on=preto, off=branco) para definir cada pixel.

**- Imagens em escala de cinzentos:** que contêm vários tons de cinzento, bem como preto e branco puro. As imagens podem ser de 8 bits, 16 bits (sem sinal) ou 32 bits, ou seja, a precisão dos tons de cinzento é descrita pelo número de bits atribuídos a cada pixel.

**- Figura3-2.2:** (a)Imagem de traço **Figura3-2.2:** (b)Imagem em escala de cinzentos

**- Multitons:** estas imagens contêm tonalidades de duas ou mais cores. As mais populares As imagens com vários tons são duotons, que normalmente consistem em preto e uma segunda cor direta (frequentemente uma cor Pantone). O exemplo abaixo contém preto e Pantone Vermelho quente.

**Figura3-2.2:** (c)Imagem com vários tons **Figura3-2.2:** (d)Imagem a cores

- **Imagens a cores:** A informação de cor pode ser descrita utilizando vários espaços de cor: RGB (Red, Green, Blue). Uma imagem RGB, por vezes referida como uma imagem de *cor verdadeira*, define componentes de cor vermelha, verde e azul para cada pixel individual. As imagens RGB não utilizam uma tabela de consulta. A cor de cada pixel é determinada pela combinação das intensidades de vermelho, verde e azul armazenadas em cada plano de cor na localização do pixel. Os formatos de ficheiros gráficos armazenam imagens RGB como imagens de 24 bits, em que os componentes vermelho, verde e azul têm 8 bits cada. Isto permite um potencial de 16 milhões de cores.

## 3.3 Formatos de ficheiro que são utilizados para dados bitmap

Os dados bitmap podem ser guardados numa grande variedade de formatos de ficheiro. Entre estes encontram-se:

- **BMP:** formato de ficheiro limitado.
- **GIF:** utilizado principalmente para gráficos de Internet
- **JPEG:** ou melhor, o formato de ficheiro JFIF, que é utilizado principalmente para gráficos da Internet

- **TIFF:** o formato de ficheiro bitmap mais popular
- **FITS:** o formato de ficheiro bitmap utilizado em astronomia

### 3.3.1 Formato BMP

BMP é o acrónimo de Bitmap, é um formato de imagem aberto desenvolvido pela Microsoft e pela IBM. As imagens BMP podem ser de 1 bit (Line-art), 4 bits (16 cores para uma imagem em escala de cinzentos ou uma imagem duotone), 8 bits (256 cores para uma imagem em escala de cinzentos ou uma imagem duotone), 16 bits (65 536 cores para uma imagem em escala de cinzentos ou uma imagem duotone) ou 24 bits (cor RGB com 8 bits para cada cor primária). O formato BMP não utiliza compressão, sendo geralmente um ficheiro de grandes dimensões.

### 3.3.2 formato GIF

GIF é um acrónimo de Graphics Interchange Format (formato de intercâmbio de gráficos). O GIF destina-se a imagens que utilizam 256 (ou menos) cores distintas e animações que utilizam 256 (ou menos) cores distintas por fotograma. Os GIFs são ficheiros comprimidos e são utilizados especificamente para reduzir o tempo necessário para transferir imagens através de uma ligação de rede.

### 3.3.3 formato JPEG

JPEG é um acrónimo de Joint Photographic Experts Group. Os JPEG são ficheiros comprimidos. Trata-se de um formato com perdas, que elimina a informação, mas um dos pontos fortes do JPEG é o facto de a sua taxa de compressão ser ajustável. Este formato é útil para guardar resultados e não para analisar imagens. Em informática, o JPEG é um método padrão comummente utilizado de compressão com perdas para imagens fotográficas. O formato de ficheiro que emprega esta compressão também é vulgarmente designado por JPEG; as extensões de ficheiro mais comuns para este formato são .jpeg, .jfif, .jpg, .JPG ou .JPE, embora .jpg seja o mais comum em todas as plataformas. Um dos pontos fortes do JPEG é o facto de o seu rácio de compressão ser ajustável, sendo este formato especialmente útil para guardar resultados.

### 3.3.4 Formato TIFF

O TIFF é um formato de ficheiro flexível e adaptável. Pode tratar várias imagens e dados num único ficheiro através da inclusão de "etiquetas" no cabeçalho do ficheiro. As etiquetas podem indicar a geometria básica da imagem, como o seu tamanho, ou definir a forma como os dados da imagem são organizados e se são utilizadas várias opções de compressão de imagem.

### 3.3.5 Formato FITS

FITS é um acrónimo de Flexible Image Transfer System (Sistema Flexível de Transferência de Imagens) e é o formato de ficheiro mais utilizado em astronomia. O FITS é frequentemente utilizado para armazenar dados que não são de imagens, como espectros, listas de fotões, cubos de dados e muito mais. Um ficheiro FITS pode conter várias extensões, e cada uma delas pode conter um objeto de dados. Uma grande vantagem do FITS para dados científicos é que a informação do cabeçalho é ASCII legível por humanos, pelo que um utilizador interessado pode examinar os cabeçalhos para investigar um ficheiro de proveniência desconhecida. Cada ficheiro FITS é constituído por um ou mais cabeçalhos que contêm imagens de cartões ASCII (cadeias de 80 caracteres de comprimento fixo) que contêm pares de palavras-chave/valores, intercalados entre blocos de dados. Os pares palavra-chave/valor fornecem metadados como tamanho, origem, formato de dados binários, comentários de forma livre, historial dos dados e tudo o mais que o criador desejar. Embora muitas palavras-chave estejam reservadas para utilização em FITS, a norma permite a utilização arbitrária do resto do espaço de nomes[9].

## 3.4 Técnicas de esteganografia

A esteganografia física tem sido amplamente utilizada, incluindo em tempos históricos recentes e nos dias de hoje. A esteganografia digital moderna entrou no mundo em 1985 com o advento dos computadores pessoais, sendo aplicada a problemas clássicos de esteganografia, mas as técnicas de esteganografia fornecem uma solução melhor e a sua saída pode ser na forma de documentos digitalizados, imagens, etc.

Algumas das técnicas a seguir indicadas são apresentadas:

- Técnicas de substituição (inserção de LSB)
- Técnicas de domínio de transformação (DCT)
- Técnicas de propagação do espetro
- Técnicas estatísticas
- Técnicas de distorção
- Técnicas de geração de capas

### 3.4.1 Técnicas de substituição

Existem duas técnicas de substituição

**i. Substituição**

Uma técnica de substituição é aquela em que os alfabetos são substituídos por outros alfabetos ou por um número visto como uma sequência de bits que se substituem por outros bits, sendo então a substituição efectuada.

**ii. Transposição**

Uma técnica de transposição envolve a deslocação de alfabetos ou a numeração de bits, conhecida como transposição.

### 3.4.1.1 Ocultação de dados em imagens digitais através de técnicas de substituição

A abordagem LSB-(Least Significant Bit) é utilizada em imagens digitais:-

### 3.4.1.2 Substituição do bit menos significativo (LSB)

Na esteganografia LSB, os bits menos significativos dos dados digitais do suporte de cobertura são utilizados para ocultar a mensagem. A mais simples das técnicas de esteganografia LSB é a substituição LSB. A esteganografia de substituição LSB inverte o último bit de cada um dos valores de dados para refletir a mensagem que precisa de ser escondida.

Considere uma imagem bitmap de 8 bits em escala de cinzentos em que cada pixel é armazenado como um byte que representa um valor de escala de cinzentos. Suponha que os primeiros oito pixéis da imagem original têm os seguintes valores de escala de cinzentos:

        11010010
        01001010
        10010111
        10001100
        00010101
        01010111
        00100110
        01000011

Para esconder a letra C cujo valor binário é 10000011, substituímos os LSBs destes pixéis pelos seguintes valores de escala de cinzentos:

        11010011
        01001010
        10010110
        10001100
        00010100
        01010110
        00100111
        01000011

Note-se que, em média, apenas metade dos LSBs precisam de ser alterados. A diferença entre a imagem de cobertura (ou seja, a original) e a imagem stego será dificilmente percetível ao olho humano.

**Figura 3.4: (a), (b)** que mostram uma imagem de cobertura e uma imagem stego (com dados incorporados), não há diferença visível entre as duas imagens.

**Figura 3-4:** (a) Imagem de cobertura

**Figura3-4:( b)** Imagem Stego

A esteganografia LSB, tal como descrita acima, substitui os LSBS dos valores de dados para corresponder aos bits da mensagem. Pode igualmente alterar o valor dos dados numa pequena quantidade, assegurando a preservação de uma gama legal de valores de dados. A diferença é que a escolha entre adicionar ou subtrair um pixel da imagem de cobertura é aleatória, o que terá o mesmo efeito que a substituição de LSB em termos de não ser possível perceber a existência da mensagem oculta. Esta técnica esteganográfica é designada por correspondência LSB. Tanto a substituição de LSB como a correspondência de LSB deixam o LSB inalterado se o bit da mensagem corresponder ao LSB. Quando o bit da mensagem não coincide com o LSB, a substituição do LSB substitui o LSB pelo bit da mensagem. A correspondência LSB aumenta ou diminui aleatoriamente o valor dos dados em uma unidade. A correspondência LSB é também conhecida como $\pm1$ embedding.

Na estegonografia LSB, os LSB da imagem de cobertura devem ser alterados. Como o bit da mensagem a substituir na posição LSB da imagem de cobertura é 0 ou 1, pode afirmar-se, sem perda de generalidade, que os LSB de cerca de 50 por cento dos pixels são alterados.

Há três possibilidades:

   i.    O valor da intensidade de qualquer pixel permanece inalterado.

   ii.    O valor par pode mudar para o valor ímpar imediatamente superior.

   iii.    O valor ímpar muda para o valor par inferior anterior[1].

### 3.4.1.3 [MATLAB] Processo de produção de imagens Stego

Este processo representa a ocultação de mensagens utilizando a inserção do bit menos significativo de cada pixel de uma imagem bitmap.

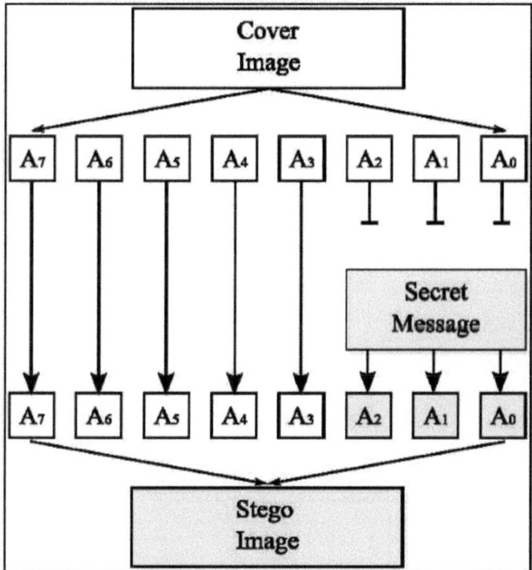


**Figura 3-4.1:** Processamento da imagem Stego

**Imagem da capa:**

A imagem de cobertura é também conhecida como objectos de cobertura, transportadora, na qual a mensagem secreta é incorporada e serve para ocultar a presença da mensagem.

**Mensagem secreta:**

A mensagem secreta é o dado que o remetente pretende que permaneça confidencial. Pode ser texto simples, texto cifrado, outra imagem ou qualquer coisa que possa ser incorporada num fluxo de bits

**Imagem Stego:**

A imagem de cobertura será combinada com a mensagem secreta. Isto produzirá a imagem de saída denominada stego image.


### 3.4.1.4 Exemplo simples de substituição LSB

Um exemplo simples de substituição LSB é mostrado escondendo a letra 'G' na próxima série de bytes:

10010101 00001101 11001001 10010110
00001111 11001011 10011111 00010000

A letra "G" é a norma ASCII (American Standard Code for Information Interchange) registada como uma cadeia binária 01000111. Estes 8 bits são escritos na posição dos bits menos importantes do conjunto original de bytes:
10010100 00001101 11001000 10010110
00001110 11001011 10011111 00010001

No exemplo mencionado, apenas metade dos bits de menor importância foi efetivamente alterada. A substituição LSB é uma técnica esteganográfica cuja aplicação não é muitas vezes tão simples. De facto, se um conjunto de bytes no qual são inseridas mensagens secretas for escolhido da forma mais fácil, por exemplo, uma série de bytes adjacentes no início do ficheiro, é muito provável que esta parte das imagens tenha estatísticas diferentes do resto da imagem e, como tal, chame a atenção para si e comprometa o sigilo das mensagens ocultas. Por conseguinte, o octeto alvo definido frequentemente por um método de seleção aleatória é um dos factores que tornam a deteção de mensagens esteganográficas extremamente complicada.

# CAPÍTULO 4

# MATLAB

## 4.1 INTRODUÇÃO AO MATLAB

- MATLAB (matrix laboratory) é um ambiente de computação numérica e uma linguagem de programação de quarta geração desenvolvida por Cleve Molar em 1988.
- O Matlab é uma ferramenta poderosa para manipular gráficos e imagens.
- Permite a manipulação de matrizes, a representação gráfica de funções e dados, a implementação de algoritmos, a criação de interfaces de utilizador e a interface com programas escritos noutras linguagens, incluindo C, C++ e Java.
- O Math Works também foi introduzido como uma ferramenta de simulação e suporta programação gráfica.
- Isto é especialmente útil para resolver problemas com formulações matriciais e vectoriais.
- Uma imagem não é mais do que uma matriz ou um conjunto de matrizes que definem o valor dos pixéis da imagem, como o valor da escala de cinzentos nas imagens a preto e branco, e os valores de vermelho, verde e azul ou matiz, saturação e intensidade nas imagens a cores.

### 4.1.1 PORQUÊ MATLAB

Uma boa escolha para o desenvolvimento de programas de visão porque:

- Fácil de fazer protótipos muito rápidos
- Rápida aprendizagem e boa documentação
- Uma boa biblioteca de funções de processamento de imagem
- Excelentes capacidades de visualização
- Amplamente utilizado para o ensino e a investigação em universidades e na indústria

### 4.1.2 PORQUE NÃO MATLAB

Tem alguns inconvenientes:

- Lento para alguns tipos de processos
- Não orientado para a Web
- Não foi concebido para o desenvolvimento de sistemas em grande escala

## 4.2 FORMATOS DE IMAGENS EM MATLAB

### 4.2.1 O MATLAB pode importar/exportar vários formatos de imagem:

- BMP (Mapa de bits do Microsoft Windows)
- GIF (Ficheiros de Intercâmbio de Gráficos)

- HDF (Formato de dados hierárquicos)
- JPEG (Grupo Conjunto de Peritos em Fotografia)
- PCX (Pincel)
- PNG (Portable Network Graphics)
- TIFF (Tagged Image File Format)
- XWD (X Window Dump)
- O MATLAB também pode carregar **dados brutos** ou outros tipos de dados de imagem

### 4.2.2  Tipos de dados em MATLAB:

- Double (ponto flutuante de precisão dupla de 64 bits)
- Simples (ponto flutuante de precisão simples de 32 bits)
- Int32 (número inteiro com sinal de 32 bits)
- Int16 (número inteiro com sinal de 16 bits)
- Int8 (número inteiro com sinal de 8 bits)
- Uint32 (número inteiro sem sinal de 32 bits)
- Uint16 (número inteiro sem sinal de 16 bits)
- Uint8 (número inteiro sem sinal de 8 bits)

# CAPÍTULO 5

# ALGORITMO PROPOSTO

## 5.1 Algoritmo de esteganografia baseado na inserção de LSB

O algoritmo divide-se em três fases.

| | | |
|---|---|---|
| 1. | Esteganografia de fase única | (lado do remetente) |
| 2. | Esteganografia de fase dupla | (lado do remetente) |
| 3. | Extração da imagem da mensagem | (Lado do recetor) |

### 5.1.1 Esteganografia de fase única

Nesta fase, estamos a trabalhar para produzir uma nova imagem de mensagem que contenha a nossa imagem de mensagem real, utilizando a técnica de esteganografia existente, que a imagem stego será utilizada na segunda fase do nosso algoritmo como imagem de mensagem, enquanto na segunda fase seleccionaremos uma nova imagem de cobertura.

#### 5.1.1.1 Modelo de esteganografia de primeira fase

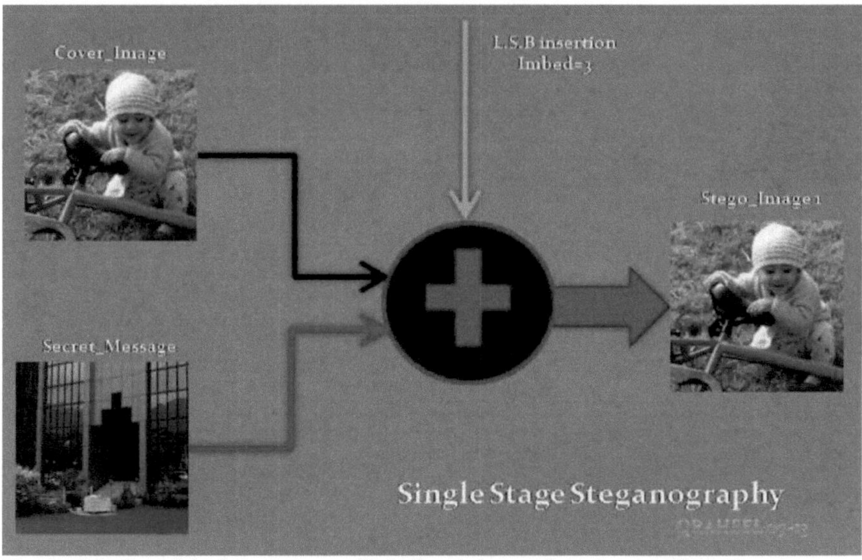


**Figura 5-1:** O modelo de esteganografia de fase única produz a imagem Stego1.

Na [primeira] fase, seleccionamos uma imagem de alta intensidade como imagem de cobertura, enquanto as nossas imagens de mensagem têm normalmente intensidades baixas. Podemos selecionar a imagem de cobertura à nossa escolha, mas a imagem de mensagem será vinculativa para o utilizador.

## 5.1.1.2  Algoritmo de esteganografia de estágio único baseado em LSB
### Diagrama de fluxo do algoritmo

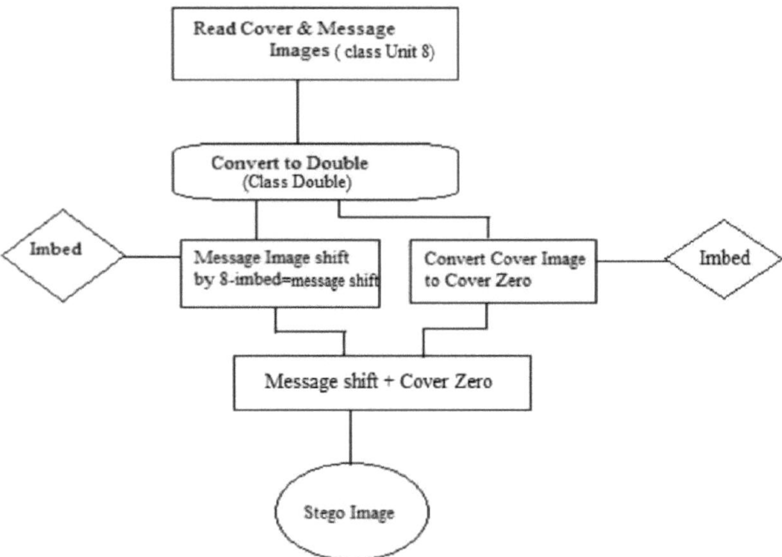


**Figura 5-1.1:** Fluxograma

**5.1.1.3 Algoritmo para incorporar uma mensagem secreta utilizando uma imagem bitmap:**

**Passo 1:** Ler as imagens da capa e da mensagem.

**Passo 2:** Converter de classe unitária8 para duplo.

**Etapa 3:** Utilizando o imbed de seleção, desloque a imagem da mensagem em 8 arestas.

**Passo 4:** Converter a imagem de cobertura em zero de cobertura.

**Etapa 5:** Adicionar o novo zero de cobertura e a mudança de mensagem.

**Etapa 6:** Desenvolver a imagem Stego de fase única.

## 5.1.1.4  Captura de ecrã dos resultados MATLAB

1. Em primeiro lugar, lemos a imagem da mensagem no MATLAB, que foi guardada no disco rígido com o nome **"A.bmp"** em formato BMP e, em seguida, lemos a imagem da capa no MATLAB, que também foi guardada no disco rígido com o nome de ficheiro **"B.bmp"**.

Seleccionamos as duas imagens com as mesmas dimensões para ultrapassar o erro das dimensões da matriz.

Os resultados são apresentados na **figura 5-1.1:** (a) e na **figura 5-1.1:** (b)

**Figura 5-1.1:**(a)Imagem de capa aberta no ficheiro M.

**Figura 5-1.1:**(b)Imagem de mensagem aberta em ficheiros M.files

2. Convertemos a imagem da mensagem e a imagem da capa da classe Unit8 para a classe Double para a operação aritmética.

3. Seleccionamos um imbed =4

4. A imagem da mensagem na Classe Dupla é deslocada para a direita igual ao tamanho do imbed. Com a fórmula, Imagem da mensagem -(8-Imbed )

=Imagem da mensagem - ( 8 - 4 )

=4bits

5. Obrigamos a deslocar os 4LSBs da imagem da mensagem para a posição dos LSBs enquanto os MSBs na posição dos LSBs com a fórmula.

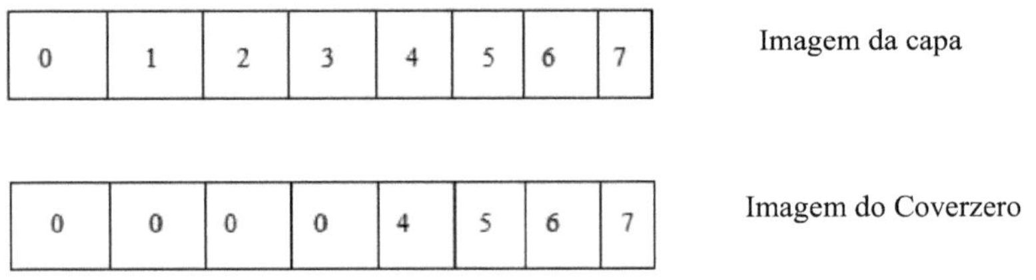



6. Forçamos a imagem de cobertura a mudar para a nova imagem "CoverZero", utilizando um ciclo for para converter LSBs iguais a zero, o número de imbed.

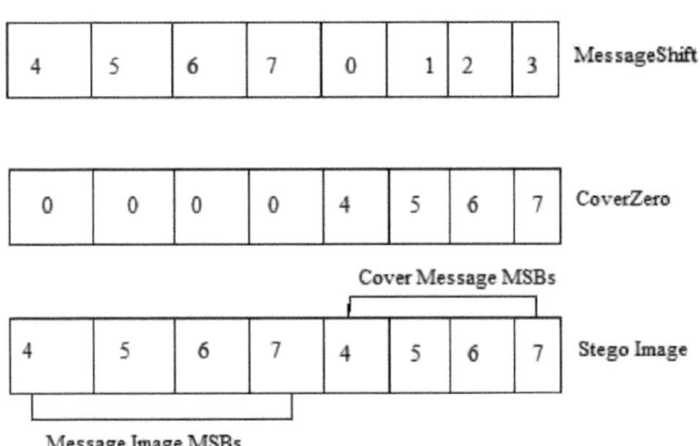



7. Adicionamos a nova imagem de mensagem "MessageShift" e a imagem de cobertura "CoverZero" na classe Unit8 para desenvolver uma imagem Stego.

Inersão da imagem de mensagem na imagem de cobertura para desenvolver uma imagem StegoMostrado em

Figura 5.1.1: (c)

**Figura 5-1.1:** (c)Imagem Stego aberta no ficheiro M.

## 5.1.2 Esteganografia de fase dupla

Na 2$^{nd}$ fase, utilizamos a imagem Stego apresentada na figura acima como imagem de mensagem e seleccionamos outra imagem de alta resolução como imagem de cobertura.

### 5.1.2.1 Modelo de esteganografia de segunda fase

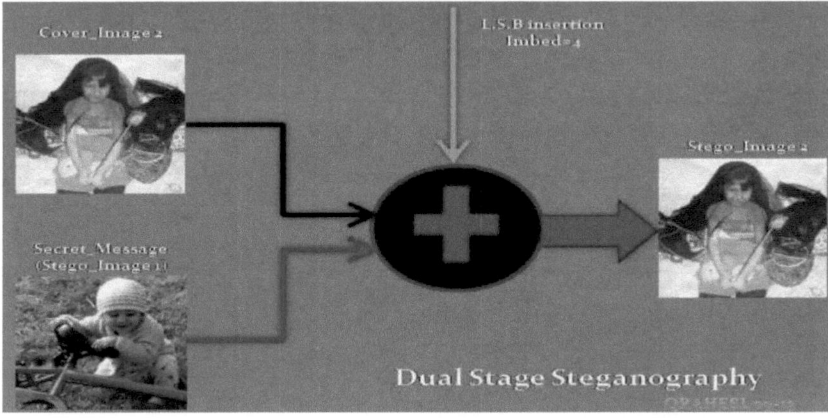


**Figura 5-1.2:** A esteganografia de fase dupla produz a imagem estégica2

## 5.1.2.2    Algoritmo de esteganografia de duplo estágio baseada em LSB

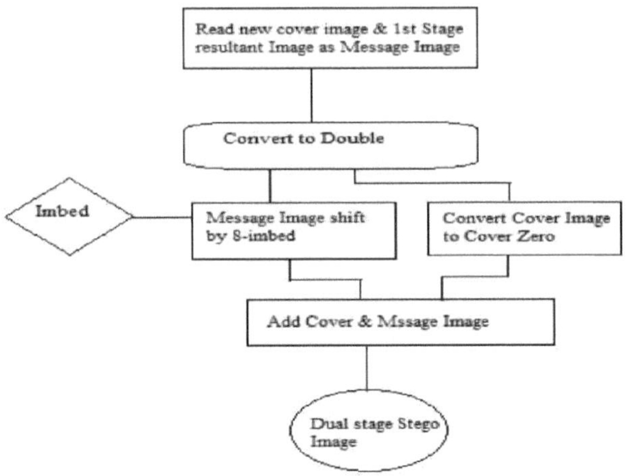


**Figura 5-1.2:** Fluxograma


### 5.1.2.3 Algoritmo para incorporar uma mensagem secreta utilizando uma imagem bitmap:

**Passo 1:** Ler a nova capa e a imagem resultante da primeira fase como imagem de mensagem.

**Passo 2:** Converter Classe em Duplo.

**Passo 3:** Utilizando a seleção de imbricação, deslocar a imagem da mensagem em 8 arestas.

**Passo 4:** Converter a imagem de cobertura em zero de cobertura.

**Passo 5:** Adicione a capa às duas novas imagens.

**Passo 6:** Desenvolver a imagem Stego de fase dupla.

## 5.1.2.4    Captura de ecrã dos resultados do MATLAB

Para a $2^{nd}$ fase, desenvolvemos vários ficheiros M. Os resultados são apresentados a seguir.

1. Ler a capa e as imagens da mensagem

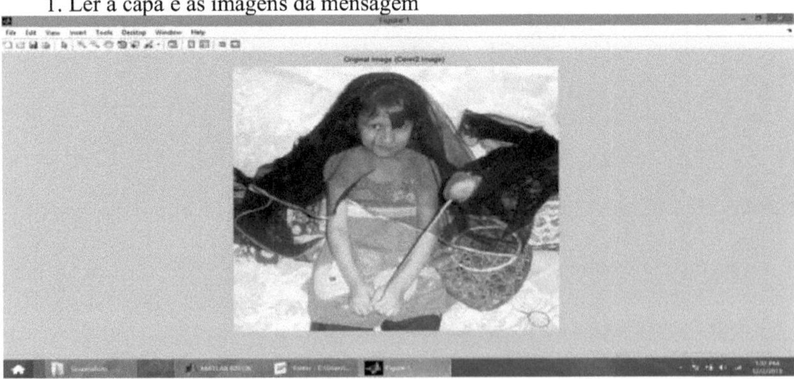

**Figura 5-1.2:** (a) Imagem de capa aberta no ficheiro M.

**Figura 5-1.2:** (b) Imagem da mensagem aberta no ficheiro M.

1. Adicionar cobertura a ambas as novas imagens para criar uma imagem Stego2

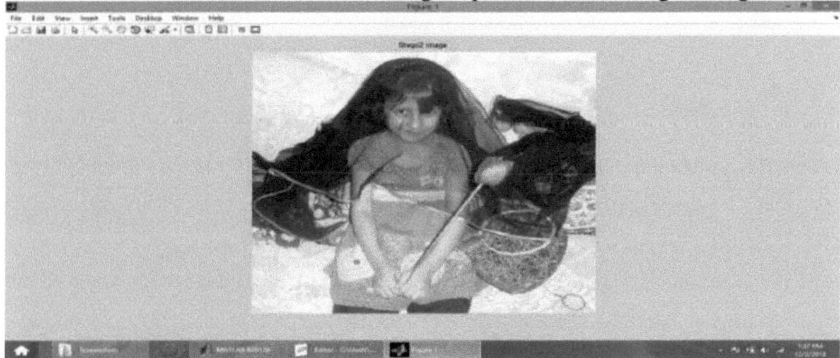

**Figura 5-1.2:**(c)Imagem Stego2 aberta no ficheiro M.

## 5.1.3 Algoritmo para extração da imagem da mensagem

Ler uma imagem resultante stego2 em matlab e selecionar a mesma imbed. Depois, utilizando o imbed selecionado, desloca-se a imagem da mensagem por 8 arestas e extrai-se a mensagem oculta.

### 5.1.3.1 Diagrama de fluxo do algoritmo

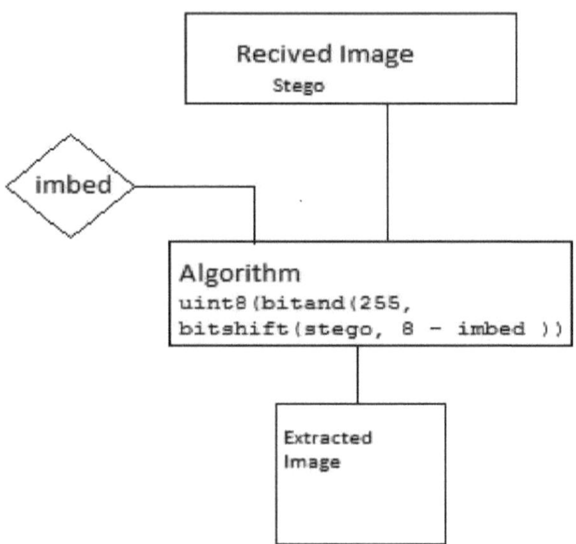


**Figura 5-1.3:** Fluxograma

### 5.1.3.2 Algoritmo para extrair uma mensagem secreta utilizando uma imagem bitmap:

**Passo 1:**Ler a stego2image recebida no Matlab.

**Passo 2:** Selecione a mesma imagem.

**Passo 3:**Utilizando a seleção de imbricação, deslocar a imagem da mensagem em 8 arestas.

**Passo 4:**Extrair a imagem oculta.

## 5.1.3.3  Captura de ecrã dos resultados MATLAB

1) Ler a imagem Stego2 e extrair a mensagem secreta image1

**Figura 5-1.3:**(a)Imagem da mensagem secreta aberta em M.File.

# CAPÍTULO 6

## REQUISITOS E ESPECIFICAÇÕES

### 6.1 Requisitos de software:

Os requisitos mínimos de software para o projeto são: -

- Sistema operativo Microsoft (7 ou 8)
- Microsoft Power Point
- Imagem do Microsoft Office
- Laboratório Mat R2012b
- Ferramenta de recorte
- Pintura

### 6.2 Requisitos de hardware:

Os requisitos mínimos de hardware para o projeto são

- Processador Corei3
- Mínimo de 2 GB de RAM
- Mínimo de 20 GB HDD
- Ecrã VGA com ecrã de 1024 x 768 no modo de visualização de cor alta/verdadeira
- 1,44 MB FDD
- Unidade de CD-ROM 52X
- Monitor a cores de 15"

# CAPÍTULO 7

# CONCLUSÃO

A esteganografia pode ser uma técnica poderosa para a comunicação secreta, se aplicada de forma eficaz. Oferece uma técnica de comunicação segura diferente da criptografia, nomeadamente o segredo em comparação com a privacidade.

A aplicação da técnica de esteganografia à tecnologia digital, tal como demonstrado no resultado Matlab, abre a porta a novos métodos de transmissão de informação através de canais partilhados.

Existem muitas técnicas diferentes e continuam a ser desenvolvidas, enquanto a forma de Esteganografia de Dupla Fase irá melhorar a comunicação oculta entre duas partes.

Foi desenvolvida uma ferramenta que implementa a técnica de esteganografia em imagens bitmap através do Matlab. O sistema tem duas interfaces: uma para a fase de incorporação e outra para a extração. Na fase de incorporação temos duas fases, uma é a esteganografia de fase única e a outra é a esteganografia de fase dupla. Estas fases permitem uma comunicação segura com a ajuda do método de inserção LSB.

# REFERÊNCIAS


➤ [1] Vijay Kumar Sharma , Vishal Shrivastava, **"A Steganography Algorithm For Hiding Image In Image By Improved Lsb Substitution By Minimize Detection"**, Journal of Theoretical and Applied Information Technology ISSN: 19928645, Volume36-No.1, $15^{th}$ February 2012.

➤ [2] Samir K Bandyopadhyay, Debnath Bhattacharyya, DebashisGanguly, Swarnendu Mukherjee e Poulami Das, **A Tutorial Review on Steganography**, Journal(**Must find it incomplete)** of Signal and Image Processing, Volume 3, Issue 3, 2008.

➤ [3] A. Cheddad, J.Condell, K.Curran e P.McKevitt, **"Digital Image Steganography: Survey and Analysis of Current Methods"**, Signal Processing Volume 90, Issue 3, março de 2010.

➤ [4] James C. Judge, **"Steganography: Past, Present, Future"**, SANS Institute InfoSec Reading Room 2001, GSEC Versão 1.2f.s.

➤ [5]Vikram.M, **" Steganography Using AES"**, um relatório de projeto do último ano para a Universidade de Anna, abril de 2006.

➤ [6]AelphaeisMangarae [Zone-H.Org], **"Steganography FAQ"**, http://zone-h.org, 18 de março de 2006.

➤ [7] Grantham, **"Bitmap Steganography: An Introduction"**, A Final Paper COT 4810:Topics in Computer Science by Dr. Dutton,$13^{th}$ April 2007.

➤ [8]Muhalim bin Mohamed Amin, PuanSubariah Ibrahim, PuanMazleenaSalleh, MohdRoziKatmin, **"Information Hiding Using Steganography"**, um relatório apresentado à **Universidade de Tecnologia da Malásia,** Vote No:71847,2003.

➤ [9]http://www.euhou.net/docupload/files/software/manuel/Bitmap_Format.html    (imagem bitmap)

Printed by Books on Demand GmbH, Norderstedt / Germany